CLISSON.

CLISSON.

Là, la nature est riche et l'art industrieux.

(Delille.)

SECONDE ÉDITION.

A NANTES,

DE L'IMPRIMERIE DE MELLINET-MALASSIS.

A PARIS,

Chez Raynal, Lib., rue Pavée S.-André-des-A.

1822.

A M. le comte de Brosses,

Ancien Préfet de la Loire-Inférieure.

Monsieur le Comte,

Je n'aurais pas songé à vous offrir un opuscule de ce genre, si je ne savais combien vous vous intéressez à tout ce qui est publié sur un département que vous avez administré long-tems. Puisse cette légère esquisse vous rappeler ce département que vous aimez, et dans lequel vous avez laissé des souvenirs qui seront toujours des regrets.

Ed. Richer.

CLISSON.

Depuis plusieurs années, la ville de Clisson est devenue célèbre dans quelques-unes des principales villes des départemens de l'Ouest. Sa réputation même s'est étendue jusqu'à Paris. M. Cacault (1), ancien sénateur, qui avait été long-tems ambassadeur à Rome, y avait rassemblé une galerie de tableaux, de gravures et d'antiques, déposés aujourd'hui à Nantes, et les amis des arts accouraient avec empressement dans un lieu dont la nature avait fait l'Italie de la Bretagne. Un sculpteur d'une grande réputation, M. Lemot (2), devenu possesseur de la majeure partie de ce site enchanteur, s'est plu à l'embellir par des monumens d'une architecture gracieuse, qui ont conservé à la nature toute sa beauté et à l'art tous ses prestiges.

La route qui conduit de Nantes à Clisson est elle-même une promenade récréative, par la diversité des objets qu'elle présente, plutôt que par la beauté des aspects qui, en général, sont peu frappans.

On sort de Nantes par les ponts, qui, dans l'étendue d'une demi-lieue, ajoutent à la ville les îles nombreuses que la Loire renferme dans son bassin, et forment comme une seconde ville qui s'unit à la première. Cette longue rue, à laquelle aboutissent trois routes principales, est sans cesse encombrée de chevaux et de voitures, et serait désagréable à traverser, si l'on n'était dédommagé de l'ennui du chemin par des points de vue remarquables.

Vers l'est, s'étendent des alluvions immenses, bordées sur chaque rive, par les coteaux de Saint-Sébastien et de Saint-Donatien, ornés d'un grand nombre de maisons de campagne, et qui se rejoignent presque du côté de Mauves, à une distance de trois lieues. Ce bassin, qui indique l'ancien lit de la Loire, et qui est encore comblé par elle en hiver, n'offre plus que des prairies, des îles couvertes de saules, autour desquelles circulent de vastes bras d'une eau souvent troublée, que l'éloignement fait paraître d'un bleu pâle.

A l'ouest, la vue s'égare avec plaisir sur les deux collines qui supportent d'un côté Chantenay et la Basse-Indre, et de l'autre le Château-d'Aux, Bouguenais, et Rezé, où quelques érudits placent l'ancienne *Ratiate*, détruite au IX.e siècle par les Normands.

A l'extrémité du pont de Pirmil, on voit encore des portions de murailles antiques, ruines de la tour construite en 1365 sur des fortifications plus anciennes, par l'amiral Bouchard, d'après l'ordre de Jean IV, duc de Bretagne, pour défendre Nantes du côté du Poitou. On sait que le père Albert de Morlaix, curieux antiquaire, prétend que cette tour avait été bâtie par Paul-Emile, général romain. On ne pouvait pas attendre moins de cet étymologiste, qui assure que Rezé a été nommé ainsi, parce que César avait fait *raser* cette partie de l'ancienne cité des Namnètes, pour punir la rébellion de ses habitans qui avaient pris le parti des peuples de la Vénétie.

Après avoir quitté le quartier de Saint-Jacques, on parcourt une route plate et assez monotone. A environ une lieue, on trouve sur la droite une lande dont la surface égale laisse apercevoir, à son extrémité, le clocher de Vertou. Ce petit bourg, situé sur la Sèvre, fait souvenir de Saint-Martin-de-Vertou, l'apôtre de l'ancienne cité d'Herbauges, engloutie comme l'antique Sodôme, et qui a fait place au lac de Grand-Lieu. Ce trait rappelle cette foule de circonstances empruntées à l'écriture, à la fable, aux histoires grecques et romaines, et dont nos crédules ancêtres ont chargé leurs annales.

Un peu au-delà, sur le côté gauche de la route, une autre lande est traversée par un chemin qui conduit au vieux château de Goulaine, bâti sur le bord d'un marais. Cet édifice, dont la plus grande partie est encore intacte, est renommé, dans le département, par les souvenirs qu'il retrace et par le luxe avec lequel les appartemens en étaient décorés. On y observe deux salles dont les plafonds sont richement chargés de sculptures dorées et peintes en azur, et les restes d'une ancienne tapisserie de cuir, dont les couleurs ont conservé l'éclat et la vivacité qu'elles avaient il y a plusieurs siècles.

On y montre aussi une petite chambre dans laquelle ont couché Henri IV et Louis XIV.

Les seigneurs de Goulaine sont cités quelquefois dans l'histoire de Bretagne. Par un privilége spécial, accordé à l'un de leurs ancêtres, sous le règne du duc

Conan III, ils portaient pour armes les armes pleines de France et d'Angleterre. Cette terre fut érigée en marquisat sous le règne de Louis XIII.

En rejoignant la route directe de Clisson, vers la Loué, on descend dans un terrain en pente douce, non loin duquel, sur la gauche, est la maison du Montis, que son propriétaire, M. Scheult, a construite avec un talent qui annonce que cet artiste habile a puisé dans ses voyages en Italie le goût du simple et du beau, si rarement réunis. Cette maison est accompagnée d'un jardin anglais, décoré de tous les ornemens du genre, et sur-tout de fort belles statues de marbre, qui embellissaient autrefois le château et la ville de Richelieu.

A l'endroit où la route de Clisson se sépare de celle de Vallet, on laisse à droite la maison du Halay, remarquable par son architecture. En remontant le coteau, le chemin offre un coup-d'œil qui attache. Ce ne sont point, comme on le voit si souvent ailleurs ces haies rapprochées, qui renferment, dans leurs rangées égales et parallèles, d'éternels carrés de verdure. Vers l'est, les regards se perdent dans un lointain, où le sol, mollement ondulé, présente des coteaux éclatans de lumière, et qui dominent de vastes marais où rampent encore les vapeurs du matin.

A moitié chemin, on passe près d'un parc qui rappelle un nom cher aux amis de l'humanité, celui de M. Bureau-Batardière, qui joua le beau rôle de pacificateur dans la guerre de la Vendée.

Plus loin, on longe les murailles d'un autre parc plus célèbre encore, celui de la Galissonière. Le château s'aperçoit à travers les nombreuses brèches de ses murs, principalement sur le chemin qui conduit à Monnières. Cet édifice n'est qu'un monceau de ruines, et les seules parties qui soient encore debout sont entièrement couvertes de lierre.

Cette terre fut habitée long-tems par M. Barin de la Galissonière, lieutenant-général de nos armées navales, si connu par la victoire qu'il a remportée sur l'amiral Byng, victoire qui assura au maréchal de Richelieu la conquête de Minorque. Les Anglais ne voulant pas qu'un de leurs généraux fût vaincu par un Français, firent fusiller l'infortuné Byng. La Galissonière n'eut pas le tems de jouir de son triomphe: le roi devait lui confier le bâton de maréchal; mais il mourut avant d'arriver à Fontainebleau (3).

Cet illustre marin était né à la Rochelle, et non pas, comme on l'a dit, dans le château dont il portait le nom.

Il se plaisait, au retour de ses longs voyages, à transporter et à acclimater chez lui des végétaux étrangers, dont il reste encore un certain nombre dans son parc.

Le petit bourg du Pallet, qu'on traverse à un quart de lieue plus loin, n'est pas moins renommé dans l'histoire, pour avoir été la patrie d'Abeilard. C'est là que naquit cet homme fameux, dont l'amour a fait la gloire; mais dont il a empoisonné la vie. Derrière l'église du Pallet est une enceinte formée de vieilles murailles à demi rasées, et dont les débris ont produit une montagne factice. Ce sont les restes et l'emplacement du château de Berenger, père d'Abeilard, dont on a fait aujourd'hui un cimetière. Ainsi, le lieu qu'habita le génie est devenu la demeure de la mort; image frappante qui nous avertit de l'instabilité de nos travaux, de la vanité même des souvenirs qui s'effacent, du pouvoir du tems qui emporte avec lui nos plaisirs d'un jour, nos chagrins que nous croyons éternels, et qui tôt ou tard jette le voile de l'oubli sur tout ce qui a été célèbre dans le monde.

Au-dessous du Pallet, on franchit le ruisseau de la *Sanguèse*, auquel ses bords escarpés, ses débordemens subits ont valu le nom fastueux de torrent. La route était interrompue chaque hiver par des inondations fréquentes, dans lesquelles les hommes, les voitures, les bestiaux étaient entraînés pêle mêle. M. Cacault obtint du gouvernement la construction du pont qui existe aujourd'hui. Le département reconnaissant fit ériger sur ce pont, justement appelé *Pont-Cacault*, un obélisque avec une inscription qui reproduisait les droits qu'avait à la reconnaissance publique ce citoyen recommandable.

Au-delà de ce pont, jusqu'à la ville de Clisson, on ne trouve en partie qu'un terrain de vignobles, coupé par une route affreuse, et qui est une entrée bien indigne du joli pays que l'on va admirer.

On arrive enfin à ce site renommé. Un peu avant de pénétrer dans la ville, une échappée de vue permet déjà de se faire une légère idée des lieux.

A vos pieds coule la Sèvre profondément encaissée entre deux coteaux. Vers le midi, une partie de la ville est assise en amphithéâtre, comme si elle assistait à la fête de la nature, pour emprunter les expressions d'un écrivain spirituel. L'œil s'arrête avec complaisance sur cette petite ville, dont les bâtimens peu élevés se marient assez bien aux courbes étroites de cet horizon borné, dont les toits en tuile tranchent si fortement avec la verdure, et dont les sommets unis ne décrivent que des lignes amies de l'œil. Elle est dominée par les murs grisâtres du château, au niveau desquels les arbres qui ont cru dans les ruines, abaissent leurs rameaux découpés.

A l'ouest du château est un petit affluent qui vient se jeter dans la Sèvre.

Au milieu de cette vallée se balancent de grands peupliers dont la cime mobile indique la direction des vents qui ne troublent point ce vallon tranquille. En face de soi et sur la rive gauche de cet affluent, la Sèvre est bordée d'une colline aride, interrompue par des rochers. Enfin, dans le fond de cette gorge si variée, vous remarquez un petit moulin à eau, dont la maisonnette carrée semble un rocher qui a glissé du sommet du coteau, et dont la chaussée retient captives les eaux de la rivière, qui, après l'avoir franchie, se précipitent en masse d'écume.

La ville de Clisson est située au confluent de la Sèvre et de la Moine, à six lieues au sud-est de Nantes, elle était autrefois sur les limites de l'Anjou, de la Bretagne et du Poitou. Comprise aujourd'hui dans le département de la Loire-Inférieure, elle touche à ceux de Maine-et-Loire et de la Vendée. Elle renfermait, avant la révolution, trois mille habitans. On y comptait cinq églises, deux prieurés, un chapitre de chanoines, deux couvens et un hôpital. Elle possédait une haute justice qui ressortissait au présidial de Nantes.

La guerre de la Vendée a forcé tous les habitans d'abandonner cette ville, qui a été prise et reprise plusieurs fois, et dont les maisons ont été presque entièrement réduites en cendres (4). Il y a encore aujourd'hui deux églises et un hôpital. La population se monte à environ douze cents habitans. Son principal commerce consiste, à présent comme autrefois, en étoffes de laine, en filasse, en toile, en tannerie, et principalement en bestiaux. Les usines qui sont établies en grand nombre sur la Sèvre contribuent aussi à l'aisance des habitans.

Est-on entré dans la ville, mille points de vue charmans se présentent à la fois. On cite sur-tout aux étrangers la *Garenne*, qu'a tant embellie son possesseur; et c'est presque là seulement que se bornent les promenades de la plupart des curieux. Mais si l'on veut voir la nature abandonnée à elle-même, si l'on veut enfin se faire une idée de Clisson, il faut en visiter les alentours.

Pour mettre de l'ordre dans ses excursions, que l'on commence par les bords de la Moine. On s'y rend par la maison *Valentin*, qui contient une assez belle galerie de tableaux, et dont le perron domine la partie la plus voisine de l'embouchure de cette petite rivière. Ce qu'on en découvre est un canal étroit, ombragé en partie de saules, dont les branches pendantes flottent sur l'eau paisible. En face est un jardin en terrasse, et, sur le flanc de la colline, des rochers carrés, assis à diverses hauteurs, s'associent à quelques arbres.

On sort dans le parc. A mi-côte, vous errez sous d'épais marronniers, et, au bas, s'alignent des peupliers qui forment un rideau, comme pour cacher et faire désirer la vue de la rivière qui traverse ce parc. Ici, des rochers éboulés sont descendus dans le fond du bassin, des joncs végètent dans leurs interstices; quelquefois ces rochers se réunissent en un îlot, qu'ombragent de légers groupes d'arbres.

Vous faites quelques pas, et le coteau qu'on oubliait en longeant la rivière se débarrasse de ses marronniers et se hérisse d'un amas de rochers irréguliers, entassés les uns sur les autres.

Au-dessus de ces ruines naturelles on aperçoit une vieille mâsure, que les bénédictines qui habitaient Clisson, et dont l'enclos renfermait cette promenade agreste, avaient nommée *Soucinia*. Ce nom n'a pas besoin de traduction : c'est le même, sauf la terminaison, que celui de *Sucinio*, château des ducs de Bretagne, dans la presqu'île de Rhuis, et que le fameux *Sans-Souci* du roi de Prusse. Ainsi, tous les hommes s'accordent pour demander à la nature le repos exilé de leur cœur, et ce n'est qu'avec elle qu'ils oublient les inquiétudes du trône et les combats de la vie monastique.

La Moine se couvre çà et là de plantes aquatiques. Au milieu des rochers qui la traversent, cette eau dormante est trop faible pour lutter contre ces végétaux qui envahissent son lit. Tous les bouleversemens antiques, dont l'œil reconnait la trace, ne se font plus sentir aujourd'hui. La nature est aussi calme que la mélancolie qu'elle fait naître.

Les coteaux ne s'élargissent pas assez pour qu'on voie au-delà de riches vignobles, des champs cultivés, de vastes pâturages ; l'image des travaux agrestes ne vous suit point dans ce réduit abandonné. C'est l'empire de la solitude, non celle où l'homme va chercher des inspirations, mais celle où il rentre en lui-même pour savourer un instant de bonheur.

Tout-à-coup un bruit confus se fait entendre. Au milieu des arbres qui vous entourent, une écume blanchâtre fuit en se divisant. Vous approchez, et cette rivière, dont vous accusiez l'indolence, s'est changée en un torrent. L'art n'a point de part à cette brusque métamorphose : vous cherchez vainement une cabane rustique qui vous indique le voisinage de quelque digue, c'est une cascade qu'ont formée les rochers accumulés. La Moine se précipite à la fois dans cet abime, sort en plusieurs bras couverts d'écume, se réunit sans leur laisser le tems de s'étendre, se partage encore, et, de chute en chute, vient courir rapidement au pied des roseaux qui l'outragent et dont on croirait qu'elle emporte la tige flottante.

Cependant, une ombre épaisse ne cesse de vous environner. Sur les deux rives, des arbres viennent confusément se réunir au-dessus de cette cascade. Au milieu même des rochers, des aunes opposent leurs troncs mobiles à cette onde turbulente. De là l'œil revient sur le bord tranquille que l'on vient de quitter. De distance en distance, des peupliers s'élèvent comme des obélisques au milieu des saules pleureurs qui tombent en masse à leurs pieds.

La rive droite de la Moine se change en une prairie qui vous délasse agréablement. Sur la rive gauche est une jeune futaie, percée de sentiers qui serpentent doucement, qui, tantôt vous égarent au milieu d'un léger ombrage, tantôt vous ramènent à la rivière dont le fond, toujours droit, est plus ou moins embarrassé de rochers.

En continuant ainsi à une demi-lieue de la ville, on arrive à un endroit où la Moine, resserrée entre deux coteaux perpendiculaires, offre de nouveaux sites au crayon du paysagiste. Elle remonte de là jusqu'à la forêt de Vezins, dans le département de Maine-et-Loire, où elle prend sa source. Mais il reste trop à voir à Clisson pour désirer s'en éloigner.

On y retournerait même avec regret, si l'espérance, qui nous entraine toujours en avant, ne nous faisait un peu oublier le passé et ne nous promettait des plaisirs plus vifs encore. Avant de visiter la Garenne, que l'on se dirige au-delà sur les rives de la Sèvre.

Cette rivière, à laquelle Clisson doit tant d'agrémens, prend sa source dans le département des Deux-Sèvres, au-dessus de Châtillon, dans la commune de Beugnon, et vient se jeter dans la Loire, à Nantes, après avoir baigné une foule de lieux ravissans, dans les communes de Monnières, du Pallet, de Maisdon, de Saint-Fiacre, de la Haie et de Vertou.

En se rendant des bords de la Moine à ceux de la Sèvre, la ville de Clisson se présente encore sous un nouvel aspect :

elle forme un demi-cercle ; le château, qu'on ne peut perdre de vue dans quelque endroit qu'on soit, occupe l'extrémité de cet arc. A côté de lui est un temple, construit à la place de l'ancienne chapelle de Saint-Gilles, où doivent être déposées les cendres du sénateur Cacault et celles de son frère, qui, le premier, avait fait connaître Clisson (5) ; de l'autre côté, la ville se montre toute entière avec ses clochers à l'Italienne. La maison Valentin parait au nord avec ses belveders, ses fenêtres en cintre, ses terrasses, ses arcades qui jettent tant de jour dans l'architecture et qui rappellent les constructions riantes de ces climats aimés du soleil, où l'homme, loin de s'enfermer dans des prisons obscures, se plaît à donner de toutes parts un libre passage à la lumière.

On descend à la rivière : on laisse sur la droite la fabrique de *la Feuillée*, et à gauche, vers le sommet du coteau, la chapelle de Toute-Joie. Un canal, dont la largeur contraste avec le lit retréci de la Moine, se déploie à vos regards. Les aunes, qui en accompagnent les sinuosités, étalent leur feuillage au-dessus de votre tête, tandis que le chemin vous force de suivre ses courbes légères.

A côté, quelques rochers détruisent l'uniformité de la pente du coteau. La rivière coule sans rien trouver qui la gêne; son mouvement est insensible: c'est un canal presque immobile d'une rive à l'autre. Quelques feuilles de nénufar, que l'on voit de tems en tems, feraient croire qu'on parcourt les bords d'un étang.

Bientôt, au milieu d'une touffe d'arbres, se découvre une maisonnette. Ici rien n'est placé inutilement: c'est une ancienne usine, dont la chaussée, destinée à intercepter les eaux de la rivière, les laisse échapper en cascade au-dessous d'elle.

Les coteaux, cependant, se couvrent de plus en plus de rochers, qui attendent, dans leur immobilité, l'instant qui doit les détacher du sol. Le lit de la rivière en est déjà encombré : des arbres, qui attestent cette puissance vivifiante, qui tire partout la fécondité de la destruction, se disséminent au milieu de ces masses informes. Des buissons couronnent leur front d'une verdure tendre, qui donne un air de vie à la stérilité.

Les fabriques se suivent d'espace en espace et font succéder, en même-tems, des cascades tumultueuses à des étangs muets. Quand la rivière ne fournit pas assez d'eau, son lit, presque à sec, ne se remplit que de blocs d'une forme rhomboïdale, à travers lesquels croissent de tems en tems des bouquets solitaires de joncs.

Le paysage change d'une manière sensible, suivant la plus ou moins grande quantité d'eau que fournit la rivière. Quelquefois les rochers, jetés dans le courant des eaux, suffisent seulement pour leur donner une autre direction, sans leur opposer de digues qui les irritent ; ailleurs, des filets d'eau se dérobent à la vue sous les rochers, et un léger bruit seulement trahit leur passage. Enfin, les deux plus grands contrastes existent dans la même saison ; une vaste nappe d'écume tombe de la chaussée que la vue trompée prendrait pour une barre de rescifs, et se répand avec violence au milieu des rocs dont les pointes aiguës s'élèvent au-dessus d'elle. A quelques pas plus loin, la rivière ne rencontre plus qu'une île de granit, autour de laquelle elle fuit en bouillonnant ; au-delà, c'est un miroir que rien ne trouble, mais qui est toujours bordé d'arbres, dont les branches flexibles se baissent sur sa surface.

Il y a dans le même lieu plusieurs caractères bien distincts : tantôt ce seraient les solitudes de l'Erdre, si les coteaux étaient plus éloignés, si le vallon était plus contourné, si les eaux venaient directement baigner le pied des collines, sans permettre à l'aune d'ombrager leurs bords, et aux prairies de les resserrer ;

tantôt, ce serait l'aspect de la Moine, mais les chutes ont plus de majesté, le cadre est plus vaste, et le site moins désert.

Il est impossible de trouver, dans un espace aussi étroit, des tableaux aussi diversifiés (6). Aux rochers, aux arbres confondus, aux torrens d'écume, succèdent une prairie tranquille, un canal plus tranquille encore, et une rangée d'arbres qu'on dirait plantés à dessein. Ici, quelques nénufars, la marque toujours constante du repos, indiquent une eau vaseuse; un banc de sable, qui vient s'offrir tout-à-coup, annonce, au contraire, une onde rapide qui court sur les débris de ses bords.

Si l'on veut revenir sur tout ce qu'on a vu pour fixer la pensée sur quelques détails, chaque objet s'empare exclusivement de l'attention, et on laisse échapper l'ensemble qui frappe davantage.

Les indices du mouvement qui a cessé, à côté du mouvement qui anime encore tout aujourd'hui, le fracas des eaux qui assourdit l'oreille, tandis que la vue est pour ainsi dire fatiguée d'un chaos de rochers; ceux-ci qui pavent le lit de la Sèvre, ceux-là qui pendent sur votre tête, s'arrondissent naturellement en meules, se creusent en bassins, se délitent en tables, ou, plus bas, apparaissent tout entiers dans la construction d'un mur, ou se renversent sur les bords du torrent qu'ils servent à franchir; ces petits toits écrasés sous la verte feuillée, et dispersés çà et là irrégulièrement, cette perspective toujours changeante, et cependant partout fidèle à son caractère sauvage, tout rappelle ces lieux mensongers qu'a produits la baguette des fées, et dont l'imagination des poëtes a retracé tant de fois les aspects romantiques.

D'autres lieux feront méditer d'une manière plus profonde, mais peu seront susceptibles d'occuper l'esprit aussi agréablement. On se tromperait si l'on croyait ressentir là cette admiration puissante qui suspend toutes les facultés. Il faudrait, pour cela, que l'homme fût plus seul, que la nature fût plus vaste; il faudrait, sur-tout, ces horizons immenses qui nous donnent une idée indéterminée de la puissance créatrice et de la grandeur de l'âme, qui aime à se confondre avec elle.

Ici les pensées naissent en foule comme les objets qui les produisent. A chaque instant on est tiré hors de soi par un nouveau spectacle. Si l'on veut s'oublier, c'est là qu'on trouvera à exercer l'imagination sans la fatiguer, à la reposer sans la refroidir. C'est une recréation continuelle, et bien différente de celles que la société procure. Il n'y a que la solitude qui puisse vous agiter par mille sensations et vous laisser assez calme pour les juger toutes.

Au milieu de ce pays de prestiges, on continue sa promenade jusqu'à la manufacture de papier d'*Entiers*, à une lieue de la ville. Près d'elle s'étend un joli rideau de peupliers, et l'on y voit encore, avec cette architecture élégante qui caractérise Clisson et ses environs, ce mélange de granit et de briques, qui en distingue toutes les constructions, et qui rappelle ces édifices bâtis par les Romains, du tems de la république.

Au-dessus des jardins en terrasse qui font partie de cet établissement, le coteau offre de nouvelles perspectives, et, sans doute, en remontant du côté de Tiffauges, cette Sèvre si pittoresque n'oublie ni ses cascades, ni ses rochers; mais Clisson nous attend, et on se hâte d'en examiner de plus près les délicieux aspects.

D'ailleurs, peut-être ce que l'on s'imagine dans le lointain n'approcherait pas de ce qu'on a vu déjà. Combien de fois l'éloignement ne nous trompe-t-il pas? Le paysage nous sourit à l'horizon sous un arc d'azur; mais, quand nous avons atteint ces collines embrumées qui fuyaient dans les nuages, combien de fois l'illusion n'est-elle pas détruite? C'est ainsi que les plaisirs que nous promet l'espérance, sur la route de la vie que nous n'avons pas encore parcourue, s'évanouissent quand l'avenir est devenu le présent.

En revenant à la ville, par la rive opposée à celle qu'on vient de parcourir, on retrouve les mêmes scènes. Cependant, après tout ce qu'on a vu, on peut encore s'arrêter à la grotte à laquelle on a donné le nom d'*Ossian*. La physionomie du lieu prête, en effet, un peu à l'illusion; néanmoins cette fraîche verdure ne reporte pas assez à cette Calédonie sévère, que ses bardes ont peinte avec des couleurs si sombres, et cette onde écumante, dans laquelle plongent les rameaux qui la cachent, ferait plutôt souvenir, malgré ses fureurs, d'une baie déserte de l'une des îles enchantées de la mer du sud.

Les rochers qui surmontent cette grotte ont un caractère qui leur est propre. Ils se divisent en fragmens énormes, et chacune de leurs positions donne lieu à de nouveaux accidens; leur surface immobile et terne contraste avec les branches souples qui les enlacent, avec cette eau toujours tombante qui fuit au-dessous d'eux. Souvent la végétation déguise leur base et leur sommet, et l'œil erre mystérieusement sur une muraille sans limites. Dans les parties où ils sont encore entiers, des fissures nombreuses, qui se coupent profondément à angles droits, indiquent d'avance au géologue les lieux d'où tomberont de nouveaux rochers et où se formeront de nouvelles grottes.

Le chemin qui suit la *grotte d'Ossian* est bordé de petits murs formés de scories, qui annoncent qu'il existait une forge dans ces lieux (7). Vous ne foulez plus qu'un terrain entièrement couvert de rochers escarpés : des arbres élèvent au milieu d'eux leurs troncs obliques, et leurs rameaux pressés jettent une teinte rembrunie sur tout le paysage.

Des sentiers, creusés dans la roche, et où le pied mal assuré s'embarrasse dans une foule d'obstacles, vous conduisent dans ce labyrinthe sauvage, dans ce bocage brut et irrégulier, où le sol tourmenté semble porter encore l'empreinte des premières révolutions du globe. A peine a-t-on fait quelques pas, que les arbres disparaissent, et la rivière tout entière vient tomber en écume à vos pieds; on aime à s'approcher de cette chute qui cause à la pensée une sorte d'enivrement. Si c'est en été, si la Sèvre ne fournit qu'à peine l'eau nécessaire aux usines qui l'arrêtent, les mousses qui revêtent ces pierres abandonnées semblent des algues jetés dans ces plages désertes que la mer vient de quitter et qu'elle submergera bientôt.

Quelquefois les échos apportent dans ces lieux un bruit qui rappelle l'homme et l'un des plus utiles de ses arts, c'est celui des marteaux des papeteries, qui tombent en mesure, tandis que la cascade ne fait entendre qu'un son désordonné comme ses flots. La lumière qui éclaire cet étroit vallon, ne pénètre qu'en jets rares, mais brillans, au milieu de ces masses touffues.

De retour au moulin à papier de la *Feuillée*, du haut de la terrasse de cet établissement, on saisit d'un coup-d'œil cette Garenne, qui, elle même, offre tant de points de vue. De là, ce n'est qu'une colline arrondie, qui disparait sous la verdure; de loin en loin on voit percer les monumens qu'elle renferme, et dont la couleur blanche se détache sans effort de la cime des arbres. La rivière, qui coule au bas du coteau, réfléchit sur sa surface ce tableau, dont la pente n'est pas assez brusque pour la noircir de son ombre. Si un souffle inattendu vient rider le bassin, il brise en tous sens l'image champêtre sur cette glace infidèle.

Au-delà, on s'arrête au pied d'un obélisque de granit, surmonté d'une croix. Ce léger monument, de la hauteur des deux tiers de l'aiguille de Cléopâtre, produit un effet dont on ne peut juger que lorsqu'on en est assez éloigné pour qu'il fasse lui-même partie du paysage. On passe près d'un moulin destiné aussi à servir, comme tout le reste, de point de perspective aux promenades de la Garenne; et, avant d'approcher du château, les rochers commencent à se montrer de nouveau sur le flanc de la colline, et ils montent en masse au-dessus de votre tête.

Le chemin se dirige au milieu de cette nature bouleversée, sans s'éloigner cependant du bord de la rivière, dont les flots obéissent aux vents qui s'engouffrent dans ces vallées ; et on a quelquefois le spectacle étrange d'un torrent dont une partie semble remonter vers sa source.

Vous traversez ces rochers, ces arbres qui enfoncent leurs racines dans les fentes qui les divisent, et vous entrez dans un bois épais. Rien de plus pittoresque que les effets de lumière sous ce bosquet. Ici, le soleil ne peut dissiper totalement l'obscurité du feuillage ; sa clarté, suivant l'expression de Milton, suffit seulement pour rendre les *ténèbres visibles*. Là, les branches, agitées par le vent, laissent entr'elles une ouverture par où s'échappe un rayon solitaire, qui glisse sur un fond noirâtre. Plus loin, les arbres moins serrés, mais toujours vacillans, permettent d'apercevoir les rayons du soleil, qui tombent çà et là sur les gazons tranquilles.

Le Temple de l'Amitié, destiné aux frères Cacault, domine ce bois; on aime à contempler de près cette architecture grecque, dont la belle simplicité s'allie si bien à la majesté du paysage. Il est un endroit d'où le monument parait du bas, exhaussé sur des rochers que les arbres n'escortent plus de leurs touffes irrégulières : il est là seul avec le soleil et les nuages; sa façade blanche se dessine fortement sur l'azur du ciel, dont il semble se rapprocher comme une noble pensée qui remonte vers sa source.

L'œil, rassasié des richesses du printems qu'il a vues se rassembler de toutes parts, s'arrête avec une sorte de plaisir sur le branchage sombre et roide des pins qu'on a dispersés ou plutôt multipliés partout. Ce vert un peu triste, fait ressortir celui des autres arbres. En hiver, il fait souvenir des beaux jours, dans un lieu où le printems eût dû se fixer pour jamais, si tout ne devait pas changer sur la terre. Le vent se lève, et le frémissement de ces arbres, auxquels Virgile donne l'épithète d'*harmonieux*, imite le sourd murmure des flots de la mer qui se brisent derrière vous; ces bosquets qui n'ont point à craindre les tempêtes de l'océan, acquièrent un nouveau prix par la pensée des bords arides qu'on se figure.

Enfin, on atteint le château, qui, de ce côté, ferait à peine deviner les ruines qu'il renferme. Les douves extérieures sont des prairies. On en fait le tour, et l'on s'y rend par la porte à demi-démolie, garnie de deux tourelles de briques, et qui sert aujourd'hui de porte de ville. C'est là que se trouvent les murailles fortifiées qui entouraient le vieil édifice et les maisons qui s'étaient groupées à ses pieds. Ces murailles, qui défendent encore la ville, ont été élevées par Olivier I.er de Clisson, augmentées par le connétable et réparées par François II, duc de Bretagne. Du point où l'on est, on peut étudier la savante combinaison de ces fortifications, qui datent d'une époque antérieure à la découverte de l'artillerie, et qui font encore aujourd'hui l'admiration des ingénieurs.

A côté de cette porte, on monte sur le boulevard, garni d'arbres dans sa longueur. Ce n'est plus aujourd'hui qu'une promenade paisible dans un lieu qui a vu tant de combats. On arrive aux secondes douves, remplies d'acacias, de pins, et on s'introduit par la petite porte de l'esplanade, sur laquelle s'attachent des graminées, des violiers, et où deux pieds de lierres gravissent de chaque côté, comme pour remplacer, par des colonnes naturelles, celles que le tems va achever de détruire.

Une belle architecture produit toujours de belles ruines. Celle-ci est imposante par ses proportions, si ce n'est par son élégance. A l'apect de ces arbustes, implantés dans les pierres déjointes, l'esprit ne songe plus avec amertume à la vanité de nos travaux; mais il s'identifie, en quelque sorte, avec cette nature qui fait sortir la vie du théâtre même de la mort. La nature, en effet, n'est jamais plus belle que là : elle nous fait voir que les ouvrages les plus pompeux des hommes disparaissent, et que les siens ne meurent jamais.

L'entrée ordinaire est par la grande porte, du côté opposé. Elle est accompagnée d'une petite porte qui, comme elle, avait son pont-levis. A gauche, des lierres descendent en guirlandes sur ces murailles antiques, et cet arbuste, dont les anciens couronnaient les déités champêtres, environne aujourd'hui, de ses festons toujours verts, cette ruine qu'on pourrait appeler, suivant l'expression de lord Byron, un *trophée de la gloire*, car tout ce qui fut grand sur la terre n'a plus pour trophée que des débris. Les créneaux mutilés laissent à découvert, au-dessus d'eux, les branches de deux ormeaux. Ces arbres, sous lesquels les poëtes aiment à représenter les danses du village, ont envahi la demeure déserte des héros. C'est ainsi que, dans ce lieu, les arbres de deuil sont dispersés dans les bosquets, et que ceux qui rappellent des scènes plus douces, servent à cacher la nudité des murs écroulés (8).

On passe dans la première cour, toute garnie d'arbres : on y rencontre partout les vestiges des ravages des hommes, aussi terribles, mais moins éloquens que les injures du tems. Au milieu de ces restes d'une grandeur qui n'est plus, on remarque des bâtisses récentes. Ces toits faits d'hier, adossés à ces pierres qui ont vu déjà s'écouler six siècles, nous font comparer la fragilité de nos constructions à la solidité de celles de nos pères.

Sur la gauche, on descend dans des caveaux humides. C'étaient des prisons qui ne recevaient le jour que par des grilles. Sur leurs voûtes transformées en terrasses, on aperçoit

Ces dômes, ces degrés dans les airs suspendus,
Conduisant au sommet d'une tour qui n'est plus.

(DELILLE)

C'est de là sur-tout que s'observent les effets de perspective qui charment le plus. La campagne se déploie au-delà de ces murs brisés, et on ne peut rien se figurer de plus pittoresque que ces collines auxquelles de vastes ruines servent de premier plan.

Mais, si l'on veut pénétrer dans le lieu qu'habitaient les anciens possesseurs du château, il faut revenir dans la première cour. On entre dans un bastion, où se trouvent ces deux ormes dont la vieillesse atteste si bien la vétusté de ces ruines. Après avoir franchi dix portes, dont plusieurs sont défendues par des ponts-levis, et des herses pratiquées dans des murailles de dix pieds d'épaisseur, on parvient à la dernière cour. C'est là qu'étaient les habitations de ces guerriers qui faisaient une prison de leur demeure, et qui ne se croyaient en sûreté que lorsqu'ils étaient inaccessibles.

Le milieu de la cour était marqué par un puits, témoin des cruautés les plus atroces de nos dernières guerres civiles. Ce puits est comblé aujourd'hui....... Un arbre funéraire, planté dans son enceinte, proclame, avec le souvenir salutaire de la tombe qui efface tout, l'oubli pour le meurtrier, la pitié pour la victime.

Ici mille sensations confuses vous assiègent. On considère ces fortifications, assises sur le granit pour rivaliser de durée avec lui. Des chambres ont été pratiquées dans leur intérieur : et on dirait la demeure des géants occupée par des pygmées. Si quelque chose peut donner une idée de ces constructions gigantesques, c'est le foyer de la cuisine, partagé en deux cheminées, d'une longueur de dix-huit pieds, sur neuf de profondeur.

Le soleil pénètre enfin dans ces murs, qui ne recevaient le jour que par d'étroites ouvertures. Le vent siffle dans ces salles désertes, où se faisaient entendre si souvent le bruit des armes. Le lierre rampe sur ces créneaux brisés où flottaient les bannières orgueilleuses. Ces tours, qui avaient résisté tant de fois aux attaques de l'homme, n'ont pu soutenir les assauts du tems. Vers le milieu du XVII.e siècle la moitié du donjon s'est écroulée, sans qu'on ait su si c'était l'effet d'un tremblement de terre ou d'un vice de construction.

Les fenêtres partagées par une croix de pierres, la forme des créneaux, des machicoulis, le plan même de l'édifice, tout annonce cette architecture moresque (9), née dans des climats plus doux, et qui parait comme étrangère sous notre ciel humide.

Cette forteresse, en effet, fut construite par Olivier I.er de Clisson, quand ce seigneur fut de retour des croisades; mais, bâtie sur un rocher en face du confluent des deux rivières, sa position est trop avantageuse pour penser qu'avant Olivier I.er, on y eût pas élevé déjà quelque bâtiment. Elle remplaça, dit-on, l'ancien Castel de sa famille, qui lui-même avait été substitué à des fortifications romaines détruites par les Normands (10).

C'est à ce monument que se rattachent les souvenirs les plus illustres des annales bretonnes. C'est là que vit le jour cet Olivier de Clisson, cet ennemi irréconciliable des Anglais, ce rival de Montfort, ce frere d'armes de Duguesclin, qu'il a été jugé digne de remplacer.

Ce guerrier célèbre semble évoquer autour de lui tous les souvenirs du XIV.e siècle. Ces tems demi-sauvages, qui ont précédé la renaissance des lettres, offrent une espèce d'héroïsme bizarre, un mélange grossier de galanterie et de cruauté, de générosité et de barbarie, à travers lequel le philosophe se plaît à voir la société sous un aspect nouveau.

Tous ces héros du moyen âge ont une physionomie particulière, qu'aucun siècle n'avait montrée avant eux. Tour à tour poëtes et guerriers; fidèles à l'amour, mais souvent traîtres envers la patrie; vengeurs de l'innocence opprimée, mais bravant impunément les lois; doués d'une âme héroïque, mais crédule et superstitieuse; faibles et énergiques tout ensemble, susceptibles enfin de grands crimes et de grandes vertus.

L'on se rappelle ici plus vivement que partout ailleurs ces combats en honneur de la beauté, ces lois bizarres, ces préjugés à la fois si frivoles et si dangereux. L'esprit n'est frappé que des images sanglantes de la guerre, des joutes paisibles des tournois, des fêtes magiques consacrées à la chevalerie et à l'amour.

Mais quatre siècles se sont écoulés depuis plus ces tems jusqu'à nous. Rien ne retentit dans l'enceinte abandonnée, des accens du triomphe ou des plaintes de la douleur. Les échos de la vallée ne répètent que le frémissement du vent dans le feuillage, le murmure affaibli de la cascade voisine, ou quelquefois les chants variés des hôtes ailés des bocages. Ces flots, qui ont roulé des cadavres dans leur blanche écume, ne reflètent plus aujourd'hui que les fleurs de leur rivage, les rochers couverts d'arbres et les monumens nouveaux qui les couronnent. Tout annonce que ces lieux, depuis long-tems ont changé de maîtres, et l'on ne trouve plus rien des héros qui les ont habités, que ce qui est resté dans la mémoire des hommes.

Quelque absorbé qu'on soit dans ses méditations, la curiosité s'empare trop fortement de nous, pour que nous ne cherchions pas à savoir avec plus de détails quels ont été les anciens habitans de ce château détruit.

Sous la domination théocratique des Druïdes, sous le gouvernement militaire des Romains, Clisson, compris dans l'Armorique, n'est pas nommé dans l'histoire.

Au V.e siècle, lorsque des colonies de la Grande-Bretagne descendirent dans l'Armorique dont elles s'emparèrent, cette petite ville fit partie des marches communes de la Bretagne et du Poitou (11).

Dans l'année 843, après s'être emparés de Nantes, qu'ils livrèrent au pillage, les Normands remontèrent la Sèvre et portèrent leurs ravages jusqu'à Clisson. L'année suivante, Lambert, aidé de Nominoë, roi de Bretagne, ayant ajouté les pays de Mauges, Tiffauges et Herbauges au comté de Nantes qu'il avait usurpé, la ville de Clisson fut comprise dans ce comté et, par conséquent, dans la Bretagne. Elle y est toujours restée unie depuis, en conservant précieusement les priviléges que les empereurs du Bas-Empire avaient accordés aux habitans des Marches.

Depuis ce moment, il n'en est plus parlé jusqu'au XIII.e siècle, où parurent pour la première fois, des seigneurs particuliers du nom de Clisson.

Sous le règne de Jean Ier, dit *le Roux*, l'histoire désigne Olivier Ier, surnommé *le Vieux*. Ce puissant baron provoqua le duc, son seigneur-lige, contre lequel il soutint la guerre pendant plusieurs années.

Cette révolte, qu'un de ses successeurs devait imiter et porter plus loin, se termina dans l'année 1262, par un traité passé en présence de Louis IX.

Olivier II, son fils, ne se distingua par aucune action d'éclat. Il fut père de trois enfans, Gauthier, Olivier III, et Amaury, tous trois célèbres pour avoir pris part aux sanglans débats qui signalèrent en Bretagne la rivalité de Jean de Montfort et de Charles de Blois.

Gauthier était gouverneur de Brest, lorsque cette ville fut attaquée en 1341, par le comte de Montfort. Cet intrépide guerrier mourut au siége de cette place, dans laquelle Montfort entra en vainqueur.

Amaury, prenant le parti de ce prince, qui bientôt fut fait prisonnier et renfermé au Louvre, se rendit alors près de la comtesse Jeanne de Flandre, épouse de Montfort : il remplit pour elle les fonctions d'ambassadeur en Angleterre, conduisit à la cour d'Edouard III le fils unique de cette princesse encore enfant, et demanda à ce monarque des secours avec lesquels il revint la trouver à Hennebon. Il se distingua au siége de cette ville par des actions héroïques qui firent de lui l'un des preux les plus célèbres du XIV.e siècle (12). Plus tard, les rigueurs exercées à son égard le firent changer de parti, et il mourut en 1347, dans celui de Charles de Blois.

Olivier III, au commencement de la guerre, s'était renfermé dans la forteresse de la Roche-Periou, qui résista seule aux attaques de Montfort, vainqueur dans tout le reste de la Bretagne. Par la suite, il fut fait gouverneur de Vannes. Ayant été pris à ce siége par Edouard, qui était descendu en personne en Bretagne, il se laissa gagner, et promit à ce monarque d'embrasser le parti de Montfort, en paraissant toujours attaché à celui de Charles de Blois. Philippe de Valois, roi de France, ayant appris cet accord, fit trancher la tête au seigneur breton et à ses complices, qu'il accusa de félonie. Alors, pour la première fois, le sang de la noblesse française coula sur un échafaud.

Jeanne de Belleville, veuve d'Olivier III, informée de la mort de son époux, entra ouvertement dans le parti de Montfort, et alla former le siége de quelques places qui tenaient pour Charles de Blois. Ce prince rassembla bientôt des troupes pour s'opposer à l'intrépide Belleville, dont le désir de la vengeance avait fait une héroïne.

Trop faible pour résister à tant de forces, elle arme des vaisseaux sur lesquels elle embarque sa petite troupe, qui montait à quatre cents hommes; elle court les mers, surprend tous les navires français qu'elle rencontre, descend de tous côtés, et, satisfaite d'avoir vengé son époux et répandu au loin la terreur de son nom, elle va conduire le jeune Olivier, son fils unique, alors âgé de 7 ans, à la cour de cette illustre Jeanne de Flandre, qui ne pouvait être plus intrépide qu'elle, mais qui était placée sur un théâtre plus brillant que le sien.

Jeanne de Flandre n'avait qu'un fils : il était à-peu-près du même âge que le jeune Olivier de Clisson, quatrième et dernier du nom. Elle réunit ensemble ces deux enfans, afin que recevant la même éducation, éprouvant les mêmes sentimens, ils se liassent d'une amitié indissoluble et suivissent l'exemple que leur avaient donné leurs mères.

Olivier de Clisson servit, en effet, avec zèle la cause de Montfort. Il contribua surtout au gain de la bataille d'Aurai, dans laquelle il perdit un œil (13). Charles de Blois fut tué dans cette bataille célèbre, qui mit fin à la plus longue guerre civile qui eût encore affligé la Bretagne, et Montfort, délivré de son compétiteur, fut reconnu duc de Bretagne, sous le nom de Jean IV.

Bientôt Clisson et Jean IV virent s'altérer, au sein de la prospérité, ces liens que le malheur avait formés. L'intrépide Olivier avait voué une haine profonde aux Anglais, que le duc ne cessait d'accueillir à sa cour, autant par reconnaissance que pour se soutenir sur un trône chancelant encore, et pour lequel il ne pouvait compter sur l'appui de Charles V.

Indigné de rester dans une cour dévouée à l'Angleterre, Clisson prit le parti de la France. La guerre s'était rallumée entre les deux pays. Ce guerrier, suivant aveuglément les inspirations de la vengeance, au-lieu d'écouter l'humanité, plus forte que tous les préjugés qu'on appelle des haines nationales, se signala contre les Anglais, auxquels il ne faisait aucun quartier. A la capitulation de Benon, on le vit de sang-froid massacrer de sa hache quinze soldats de cette nation, qui sortaient désarmés de la ville qu'ils avaient courageusement défendue. Cette action lui attira la haine des Anglais, qui flétrirent justement son courage féroce du surnom de *Boucher*.

Cependant, Duguesclin étant mort, Clisson, qui avait été son frère d'armes, lui succéda dans la charge de connétable. Premier officier de la couronne, il donna des preuves nouvelles de son talent. Ce fut lui principalement qui contribua au gain de la fameuse bataille de Rosebecq, livrée contre les Flamands.

Se ressouvenant plus que jamais de l'inimitié qu'il avait vouée aux Anglais, Clisson fit alors servir les richesses de la France pour équiper une flotte de quatre cents vaisseaux, qui devait débarquer en Angleterre toutes les troupes dont il avait le commandement. Il avait fait construire en même-tems, en Bretagne, une ville en bois, dont toutes les pièces susceptibles de se diviser, pouvaient être facilement transportées sur des navires et loger une armée à l'instant du débarquement. Le duc de Berri, oncle du roi, fit échouer cette entreprise, que la valeur du connétable et la faiblesse du gouvernement anglais, sous les premières années du règne de Richard II, rendaient pratiquable.

Deux années après, Clisson proposa un second armement. Cette fois, la cour le laissa libre d'agir. Ne craignant plus d'être traversé dans ses projets, il fit rassembler à la hâte ses vaisseaux à Tréguier et à Honfleur, et arma les troupes qui étaient à sa disposition. La France était en suspens, l'Angleterre épiait le départ du connétable avec inquiétude, quand un nouvel incident vint faire échouer ce projet, comme le précédent.

Muni de la première charge du royaume, enorgueilli par ses victoires, devenu par elles et ses vexations aussi riche et aussi puissant que les princes du sang royal eux-mêmes, Clisson avait osé lever les yeux sur l'ancienne famille souveraine de Bretagne, et il venait de proposer de marier sa fille Marguerite au dernier des enfans de Charles de Blois, qui était resté captif en Angleterre.

« Jean IV, animé contre le connétable, crut voir dans cette dernière démarche une conjuration formée contre sa personne et contre ses droits. Il craignit que Clisson ne cherchât à perpétuer la querelle de Charles de Blois, et qu'il n'employât le crédit que lui donnait sa charge près de la cour de France pour faire passer la couronne ducale dans la famille à laquelle il voulait allier la sienne.

» Pour consolider son trône, autant que pour satisfaire sa vengeance, le duc résolut de faire périr son ennemi, avant que ce mariage funeste fût conclu. Pour en venir plus sûrement à son but, il prit avec lui le masque de l'amitié, et l'engagea à assister aux états qu'il convoqua pour lors à Vannes. C'était dans l'année 1387.

» Clisson laissa sa flotte pour quelques jours, et arriva au rendez-vous qui lui était fixé. Le duc le pria de venir visiter le château de l'Hermine, qu'il faisait construire; il lui en montra les appartemens et les fortifications. Etant arrivés à une tour qu'ils n'avaient pas vue, Jean IV, sous prétexte de lassitude, invita le connétable à y monter seul. Celui-ci y entra sans défiance; mais à peine eut-il franchi quelques degrés, que des gens armés, placés dans cet endroit par ordre du duc, se jetèrent sur lui, le chargèrent de trois chaînes de fer, et le laissèrent renfermé dans la tour.

» Le seigneur de Laval, beau-frère de Clisson, causait avec le duc pendant cet acte de violence. Etonné du bruit qu'il entendait, il allait en demander la cause, lorsque l'altération qu'il aperçut sur le visage du prince lui fit découvrir la vérité. Il se jeta aussitôt à ses pieds, le conjurant de ne pas déshonorer son règne par une entreprise aussi coupable. Jean IV lui répondit qu'il savait mieux que personne ce qu'il avait à faire, et il lui ordonna de se retirer.

» Au même instant Beaumanoir, compagnon d'armes de Clisson, étant survenu, le duc lui demanda s'il voulait partager le sort du connétable, et en même-tems il tira sa dague pour lui percer un œil, afin qu'il fût semblable à son maître. Triste effet du ressentiment qui faisait oublier au prince, dans ce moment, que Clisson avait perdu cet œil en combattant pour lui. Enfin, agité de colère et de honte, le duc fit arrêter et conduire Beaumanoir en prison avec le guerrier dont il implorait la grâce.

» Étant rentré chez lui, Jean IV donna l'ordre à un gentilhomme nommé Bazvalen, de s'introduire à minuit dans la prison de

Clisson et de le faire périr. Celui-ci osa faire quelques remontrances à son prince, qui lui ordonna une seconde fois d'obéir sous peine de la vie.

» Le seigneur de Laval, peu découragé de ses premières tentatives, essaya de nouveau de fléchir la colère du prince. Il se jeta à ses pieds, et les mains jointes, lui demanda, les larmes aux yeux, la grâce de son beau-frère. « Souvenez-vous, Mon-
» seigneur, lui dit-il, que vous fûtes élevé
» avec lui, qu'il vous a suivi dans une terre
» étrangère, qu'il a été fidèle à votre parti
» quand vous étiez le plus faible. Après la
» bataille qui vous a valu la victoire, et où
» il a mille fois exposé sa vie pour vous,
» vous avez solennellement publié la re-
» connaissance que vous lui deviez. »
Jean IV répondit qu'il avait reçu, depuis, de telles offenses de Clisson qu'il n'y avait que la mort qui pût les venger.

» Sitôt que le duc fut seul, sa conscience ne tarda pas à lui reprocher son crime. La nuit qui avait été fixée pour cette exécution ne fut pour lui qu'un long supplice. En vain il chercha un sommeil qui fuyait sa paupière. Le droit des gens violé, l'insulte faite au roi dans la personne de son connétable, toutes ces réflexions, qui étaient déjà des remords, se présentaient à son esprit, et faisaient succéder dans son cœur l'attendrissement tardif du repentir à l'emportement qui lui avait conseillé la vengeance. La crainte, aussi forte que les murmures de sa conscience, lui montrait de nouveau les Français et les Bretons ligués contre lui et le chassant une seconde fois de ses états.

» A la pointe du jour, il envoya chercher Bazvalen, et lui demanda s'il avait exécuté ses ordres. Vous avez été obéi, répondit ce gentilhomme. *Plût à Dieu que je vous eusse cru*, s'écria le duc, *je vois bien que je ne serai jamais sans détresses. Messire Jehan, retirez-vous, que je ne vous voie plus.* Aussitôt, poussant des cris affreux, il s'abandonne à toute l'expression de sa juste douleur. En vain les gens de sa maison, alarmés de son désespoir, accourent à ses cris, personne ne peut soupçonner la cause de ce trouble imprévu. Le prince se renferme seul, et passe tout le jour dans les larmes, refusant de recevoir les alimens qui lui sont nécessaires.

» Vers le soir, Bazvalen, qui avait voulu laisser au duc le tems du repentir, reparait devant lui, malgré la défense qui lui en avait été faite. Il connaissait le cœur sensible de ce prince qui avait pleuré sur le cadavre d'un ennemi, et il lui avait épargné un crime. Il dit à son maître, que, prévoyant la douleur que lui causerait la mort du connétable, il avait osé prendre sur lui de différer l'exécution de ses ordres et que Glisson vivait encore. A ces mots, le duc, transporté de joie, embrassa le fidèle serviteur dont il récompensa la prudence et la discrétion.

» Cependant, ce prince, soulagé de ses remords, ne fut pas assez grand pour être généreux. Lorsque Bazvalen se fut retiré, le seigneur de Laval, prévenu par lui de la nouvelle disposition du duc, retourna au château pour demander l'élargissement de son beau-frère. Le duc, pensant que l'ordre qu'il avait donné n'était connu de personne, dit à ce gentilhomme, qu'en sa considération il accordait la liberté à Clisson, moyennant cent mille francs et la remise des places fortes que celui-ci possédait en Bretagne.

» Ce guerrier, accablé sous le poids de ses fers, s'attendait à chaque instant à recevoir la mort au fond de sa prison. Il accepta, non sans balancer, des conditions qui lui procuraient la liberté ; mais il alla aussitôt se jeter aux pieds de Charles VI, lui remettant l'épée de connétable et lui disant qu'il ne pouvait plus exercer sa charge après l'affront qu'il venait de recevoir (14).»

Cette querelle se prolongea durant plusieurs années. La France même y prit part, et l'on sait que la démence déplorable de Charles VI, qui entraîna la perte de la monarchie, et mit sur le trône de

France un roi d'Angleterre, commença à se manifester, pour la première fois, lorsque ce souverain se rendait en Bretagne, à la tête de son armée, pour venger la cause de Clisson. Pendant cette longue lutte entre un prince et son sujet, la Bretagne entière fut le théâtre d'une guerre opiniâtre.

Ce qu'il y eut de singulier dans cette guerre, c'est que chaque fois que le différend entre les deux partis était terminé par des arbitres, celui qu'on jugeait coupable était condamné à une amende, qui, au lieu d'être prise sur son propre trésor, était levée sur les vassaux de son domaine.

Quidquid delirant reges plectuntur achivi (15).

Après plusieurs traités, suivis de nouvelles ruptures, le duc et Clisson se réconcilièrent enfin. La mort du prince suivit de près cet accord, et on soupçonna le connétable de l'avoir fait empoisonner. Son crédit arrêta les poursuites. Il ne survécut que de 8 ans à son rival, il mourut l'an 407, et légua à sa fille le soin d'une vengeance qu'il n'avait pu assouvir. Il laissa après lui des richesses immenses, fruit des malversations commises dans sa charge, et des impôts dont il avait écrasé ses nombreux vassaux.

Durant le cours d'une vie toujours agitée, Olivier de Clisson habita peu le manoir de ses pères. Seulement il le fit décorer d'une tapisserie représentant avec ses hauts-faits, ceux de son frère d'armes Bertrand-Duguesclin. Exemple frappant d'une amitié rivale que les mêmes triomphes n'avaient pas rendue jalouse.

Marguerite de Clisson engagea bientôt ses enfans dans la querelle de Charles de Blois, leur aïeul, et, voulant leur rendre la couronne échappée à leur famille, elle entreprit de faire périr Jean V, duc de Bretagne. Elle attira ce prince hors de Nantes, le fit renfermer à Chantoceau, et après l'avoir transféré de châteaux en châteaux, elle le fit jeter, en dernier lieu, dans celui de Clisson.

Tandis qu'elle vengeait ainsi, sur le fils de Jean IV, l'emprisonnement que ce prince avait fait subir à son père, Jean V, digne encore de conserver des sujets dévoués, alors qu'il n'avait plus de courtisans, vit bientôt toute la noblesse bretonne s'armer pour sa défense. Le siége de Chantoceau fut formé, Marguerite, qui s'y était renfermée, fit savoir à ses enfans qu'ils eussent à relâcher le prince, s'ils voulaient lui sauver la vie (16).

Sorti de cette étrange captivité, le duc confisqua les possessions des rebelles et donna le château de Clisson à son frère, Richard de Bretagne, qui avait été le compagnon de sa captivité; alors, ce château passa dans la famille ducale de Bretagne, et la maison qui en avait porté le nom s'éteignit dans la ligne masculine.

Richard affectionna sur-tout cette possession, qui avait été le prix de sa détention. Ce fut là qu'il mourut. Son fils, François II, monta sur le trône l'an 1458, et, dans le cours d'un règne marqué par des événemens qui amenèrent la réunion du duché à la France, il se plut souvent à habiter ce lieu de sa naissance, dont il fit le rendez-vous de tous les plaisirs. Des prairies situées sur la rive droite de la Moine, qui ont retenu jusqu'à nous le nom de *Prairies des Guerriers*, rappellent le souvenir de ces fêtes galantes.

François II donna ce château à son fils naturel François, à qui il avait affecté la baronnie d'Avaugour, la première de Bretagne. Ainsi, Clisson, sorti de la maison de Bretagne, resta dans les tems postérieurs à celle d'Avaugour.

Depuis la réunion de la Bretagne à la France jusqu'à l'époque des guerres de la ligue, l'histoire ne fait plus mention de Clisson. Lorsque ces guerres cruelles commencèrent à désoler la France, Henri de Bourbon, roi de Navarre, assiégea ce château en 1588. Ne pouvant le prendre, il se rejeta sur Beauvoir, dont il s'empara. A la mort de Henri III, le duc de Mercœur, qui était le chef de la ligue en Bretagne, et qui prétendait se rendre maître du duché sur lequel il faisait valoir les droits de la maison de Blois, dont il avait épousé l'héritière, ne voulut plus reconnaître le successeur de ce prince. Les états de Bretagne se déclarèrent du parti contraire, et la plupart des places fortes de Bretagne furent fermées au prince rebelle. Il assiégea vainement le château de Clisson.

Depuis cette guerre, cet édifice était resté dans un abandon total. Déjà ses vieilles murailles, délaissées pendant deux siècles, commençaient à tomber en ruines, lorsque la guerre de la Vendée a achevé de le rendre inhabitable. Il a servi à cette époque de place d'armes à l'armée de Mayence (17).

On peut ajouter à ce récit succinct des événemens qui le concernent, la liste des princes que le hasard, la guerre, le voisinage de Nantes, ou la curiosité y ont conduits, et citer, avec l'auteur de la *Notice historique sur Clisson*, « Le

» pieux Louis IX, la prudente Blanche
» de Castille, sa mère, le conquérant
» Charles VIII, le père du peuple
» Louis XII, le magnanime François I.er,
» la reine Eléonore, le sombre Charles IX
» et l'altière Catherine de Médicis (18). »

De la maison d'Avaugour, cette forteresse était passée dans celle de Rohan-Soubise : le gouvernement en devint propriétaire en 1791 ; il la céda à la caisse d'amortissement, et M. Lemot, désirant préserver cette ruine précieuse d'une destruction totale, en a fait l'acquisition en 1807 (19).

Tels sont les faits historiques qui se rattachent au château de Clisson. Le passé, qui nous aide à repeupler ces murs, ne nous apparait que comme un sombre nuage, d'où sortent de tems à autre quelques rayons de gloire. L'esprit se fatigue bientôt de la répétition de ces scènes sanglantes ;

Mais les eaux, mais les bois, mais les ombrages frais,
Tout ce luxe innocent ne fatigue jamais.

(DELILLE.)

Retournons donc admirer la nature : il reste à voir la Garenne, tant de fois aperçue et si long-tems attendue. Pour s'y rendre, on traverse le pont de la ville, et ensuite le pont Saint-Antoine, d'où l'on observe les deux rivières qui se joignent, la masse arrondie du château et le bosquet surmonté du Temple de l'Amitié, qui domine tout le reste, comme le souvenir de ceux à qui il est consacré. A vos pieds est l'hôpital, dont le fertile jardin s'avance dans la Sèvre, comme une langue de terre qu'elle a oublié de couvrir. Cet établissement fait face au château. Ainsi, le lieu où se rassemblent tant de misères est opposé à celui qui réunissait tant de plaisirs et de richesses, et les infortunés qu'il renferme peuvent se consoler des maux qu'ils souffrent en contemplant ce témoin muet de l'inconstance de la fortune. C'est de même, s'il est permis de comparer les grandes choses aux petites, que Marius oubliait sa vie errante et proscrite sur les murs détruits de Carthage.

Tous les objets deviennent plus pittoresques encore, vus sous l'arche de ce pont, dans le lit même de la Moine.

A l'entrée de la promenade est la maison du portier. On y trouve un registre dans lequel on lit, avec les noms de ceux qui sont venus visiter Clisson, l'expression des sentimens qu'ils y ont éprouvés. Cette lecture est susceptible d'un certain intérêt. On aime à voir la nature interprétée par tant de personnes qui la jugent d'après leurs passions, leurs idées ou, quelquefois, leur situation physique ou morale. D'ailleurs il en est de la campagne, considérée à travers le prisme de notre imagination, comme de ces objets vus dans un tube, et que chaque mouvement du tube présente sous une nouvelle forme.

On dépasse le portail de la Garenne, nommée ainsi parce que c'était autrefois une véritable garenne, où les seigneurs du château, peu sensibles sans doute aux charmes de ces lieux, multipliaient des animaux qui allaient dévorer les moissons de leurs vassaux, mais qui leur procuraient les plaisirs de la chasse. Oublions ces souvenirs, qui ne s'associent pas au spectacle qui se présente.

> Voici l'étroit sentier de l'obscure vallée,
> Du flanc de ces coteaux pendent des bois épais,
> Qui, courbant sur mon front leur ombre entremêlée
> Me couvrent tout entier de silence et de paix.

Ces vers d'un poëte nouveau, mais devenu assez ancien en peu de tems pour qu'on puisse le citer comme un modèle, peignent avec la plus grande vérité ce qu'éprouve, sans doute, tout voyageur au premier aspect de ce séjour champêtre.

A quelques pas de là, on a construit des piliers qui vont changer en une allée factice cette allée naturelle. Ce coup-d'œil désenchante déjà, car si l'on applaudit aux créations de l'art, quand elles sont d'accord avec la nature, on regrette quelquefois de les voir usurper sur elle.

On avance, et la route, légèrement courbée, suit les détours du rivage. Vous avez à côté de vous cette eau paisible et presque morte, à laquelle sa profondeur donne une couleur sombre. Les arbres eux-mêmes participent de la tranquillité de cette promenade, et les chênes laissent tomber leurs branches dans la rivière, comme si, en croissant dans la patrie des saules, ils en contractaient la molesse et l'abandon.

On arrive à une demi-lune de rochers, et déjà la colline devient plus agreste. On lit sur un de ces blocs des vers que J.-J. Rousseau avait gravés à Ermenonville (20). Il y a quelque chose de poétique dans ce souvenir mêlé d'Ermenonville et de l'auteur des lettres de Saint-Preux. Cependant, on aurait choisi mieux dans la prose de cet écrivain, qui avait des sensations si vives et les peignait si bien, mais qui ne pouvait assujétir sa verve brûlante aux entraves du rythme.

Un peu au-delà, on gravit un sentier tournant et, à mi-cote, on pénètre dans une grotte naturelle. On a eu l'heureuse idée d'en faire la grotte d'Héloïse. On sait que cette amante infortunée vint en Bretagne, chez la sœur d'Abeilard, pour éviter le ressentiment de son oncle, et que ce fut là qu'elle accoucha d'un fils que sa beauté fit nommer *Astralabe* (21). Rien n'atteste qu'elle ait visité Clisson : mais cette illusion est trop douce pour chercher à la détruire.

Le souvenir de cette Héloïse, dont le nom est devenu celui de l'amour fidèle, suffit pour animer tout le paysage à nos yeux. On considère avec plus d'attendrissement cette rivière qui, sans doute, a réfléchi son image. Il semble que l'air qu'on respire est celui qu'elle a respiré. La nature parait avoir là une ame qui répond à la nôtre. Ce que nous éprouvons dans ces lieux, Héloïse l'a éprouvé : elle a senti, admiré et rêvé comme nous.

Ce nom consacré provoque mille idées. C'était lui seul que cette grotte devait offrir. L'inscription qu'on y lit est peut-être inutile, car le sentiment est toujours plus prompt que la parole, et les phrases qui le commentent ne font que l'affaiblir(22).

Cependant, en continuant de longer le rivage, on rencontre plusieurs rochers amoncelés. L'un d'eux, prêt à glisser dans le chemin, est resté suspendu, et cette position précaire prête à la réflexion. Sur une des faces de ce rocher, on lit en gros caractères ce vers admirable du poëme des jardins :

Sa masse indestructible a fatigué le tems.

Ce que le poëte disait si justement des ruines de Rome antique ne peut s'appliquer ici. Il y a une véritable grandeur à présenter les ouvrages de l'homme luttant contre les années ; mais on ne peut dire qu'un rocher, ouvrage du tems, ait fatigué le tems : c'est tromper l'imagination. Le plus petit caillou de nos jardins a reçu les mêmes outrages, a résisté aux mêmes révolutions, et comme l'a si bien dit encore notre Delille :

L'histoire de ce grain est l'histoire du monde.

Au premier détour, le coteau opposé s'offre en perspective, l'œil suit avec plaisir le cours de la Sèvre, qui, après un circuit peu sensible, va rejoindre la ville de Clisson, et s'enfuit *sous l'arc d'un pont lointain*. S'il n'y a pas de paysage vraiment intéressant sans qu'il y ait des ruines, on peut dire aussi qu'il y a peu de ruines qui s'allient aussi bien au paysage que celles du château, qui, ne cessant de se faire apercevoir, jette dans l'ame tant de pensées.

Après le sentier étroit qu'on vient de parcourir, on a sous les yeux une prairie, du milieu de laquelle se développe l'ancien musée, qu'avait établi M. Cacault (23), et l'obélisque (inventé par les anciens pour imiter la flamme qui remonte vers le ciel), qui donne quelque chose d'aérien au paysage. A côté se montre une des chutes que l'on a observées déjà. Jusques-là tout laissait l'ame dans une vague mélancolie. La campagne était belle, mais elle était muette : cette cascade est comme la voix mystérieuse de ces lieux enchantés, c'est la vie de ce séjour paisible où les passions perdent leur turbulence pour se mettre en harmonie avec la nature.

Cette chute n'a point une rapidité qui effraie : la lumière s'y joue comme sur les fleurs d'une prairie : elle renvoie des jours plus éclatans sur les arbres qui la voilent. On se livre, dans ce lieu, à une sorte de gaité douce, on s'abandonne à la distraction comme par une conformité de notre ame avec le paysage.

Au-dessus de ce séjour si riant, est un tombeau de forme antique, sur lequel on lit une inscription simple et sublime à la fois; c'est celle si connue du Poussin : *Et in Arcadia ego* (24). Cette vue excite en nous un retour amer qui, cependant, n'est pas sans volupté. On respire un air pur, le ciel est sans nuage, on s'abreuve de lumière, et tous ces bienfaits de la nature, on les goûte sur un tombeau.

Le souvenir de la mort, au milieu d'un site qui semble redoubler la vie au fond du cœur, engage presque à une possession plus prompte du moment ; on serait tenté de dire avec les disciples vulgaires d'Horace : jouissons, car qui sait si nous vivrons demain. Cependant, quelque chose de plus sévère et de plus consolant que la philosophie d'Epicure repose dans la conscience. Il ne dépend pas de certaines ames qu'une volupté dont elles envisagent la fin ne leur paraisse empoisonnée. Une croyance sublime les avertit que les plaisirs des sens ne sont rien sans ceux de la pensée, et que l'être qui pense ne meurt jamais.

Ce lieu qui fait naître tant d'idées, nous appelle plus loin. Le canal s'ombrage de nouveau, et l'eau, qui n'est plus agitée, prend la couleur noire qui lui est naturelle. Déjà les pensées se reposent sur elles-mêmes, et, en suivant le cours de ces ondes, comme elles, elles se succèdent sans confusion. Mais on ne reste pas long-tems sans jouir d'un nouveau spectacle.

On parvient à un endroit où la Sèvre se divise en de petits bras, qui enlacent des îles dans leurs circuits : ils offrent l'apparence de faibles ruisseaux qui s'encombrent partout de rochers que leurs flots impatiens franchissent en écumant. Des arbres nombreux couvrent la surface de ces îles, qui sont les seules un peu considérables qu'on ait vues sur la Sèvre : entourés d'un méandre d'argent, ils jettent dans le paysage le mouvement nécessaire pour occuper la rêverie sans la troubler. Les eaux qui se précipitent derrière et devant, y entretiennent la pureté de l'air, et une atmosphère humide, au milieu même de l'été, enveloppe tout ce qui végète, comme si elle voulait en éterniser la verdure.

Ces rochers si pittoresques, ces ombres si fraîches, ces coteaux si rians, dont la parure mouvante se dessine sur l'azur immobile d'un ciel pur, cette cascade toujours tombante et toujours brisée en mille flocons d'écume, tout inspire je ne sais quel recueillement voluptueux auquel ne se mêle rien de pénible. Il semble qu'on soit tout absorbé dans le sentiment de son propre bien-être. Ce lieu charmant est aux sites qui l'environnent ce que le printems est aux autres saisons de l'année, ce que le matin est aux autres heures du jour; ce serait un élysée sur la terre, si ce nom n'avait pas été tant profané, et si l'on y trouvait cette onde qui faisait perdre aux mânes fabuleux et le souvenir de leurs peines et le regret de leur bonheur.

Ah! si les émotions si pures de la campagne sont sans attraits pour nous, venons dans ces lieux et nous les comprendrons. Ouvrons nos cœurs à ces plaisirs simples, ne serait-ce que par le contraste. Nous avons besoin aujourd'hui plus que jamais de quelque chose qui nous délasse de ces changemens subits que font naître tous ces intérêts d'un jour. Nous goûterons la nature avec plus de délices, parce qu'elle nous inspirera des goûts plus loin de notre situation. Ne flétrissons point du nom de chimères des sentimens si doux; c'est une vanité trop puérile que de se montrer blasé sur tout. Il n'y a que celui qui recuse ces plaisirs qui se trompe; ils n'ont rien de l'impétuosité des passions. Nous les goûtons avec toute notre ame, et l'ame, dégagée des préjugés du monde, ne connait que la vérité. L'imagination, qui nous fait comprendre le langage des lieux, cette imagination tant calomniée, tient de plus près qu'on ne pense à notre nature intime et secrète.

On sort de ces îles, et on laisse derrière soi, sur un rocher, une colonne qui décorait le château de Madrid, construit par François Ier. On sait que, par une supercherie indigne d'un grand homme, ce prince prétendait, en habitant ce château, acquitter la promesse qu'il avait faite de retourner dans cette capitale, qui partageait avec Londres l'honneur d'avoir vu dans ses murs un roi de France prisonnier.

Plus loin, le rivage se découpe comme une petite baie. C'est un enfoncement garni d'arbres, dont les racines, privées de la terre qui les supportait, montrent actuellement à nu leurs courbes tortueuses. Ce lieu est appelé le *Bain de Diane*. L'ombre le garantit de l'ardeur du jour, et le bruit de la cascade la plus proche fait passer dans les sens la fraîcheur des eaux avant même de l'avoir éprouvée.

Les Romains avaient tracé une route qui allait de Poitiers à Brest. Cette route, indiquée sur la carte de Peutinger, est la plus considérable des cinq *itinéraires*, qui concernent l'Armorique. Elle allait de Nantes à Tiffauges, et, vraisemblablement, traversait Clisson, situé sur le chemin de ces deux villes. C'est toujours un souvenir précieux dont il était bon de s'emparer.

Il fallait dire au voyageur que, sous ces arbrisseaux, était enfoui, sans laisser de traces, un des ouvrages les plus durables de ce peuple qui s'était promis une existence éternelle. Au lieu d'une inscription, l'on a présenté le modèle parfait de l'une de ces bornes miliaires qui servaient à diviser l'empire romain ou plutôt l'univers. A côté de ce monument si bien à sa place, on voit un de ces siéges de pierre d'où les cavaliers romains, qui ne connaissaient pas encore toutes les commodités du luxe et n'employaient pas comme nous des étriers, s'élevaient pour monter à cheval.

A droite, est la fabrique de *la Feuillée* avec sa cascade, ses rochers, ses arbres et son écume, car les mêmes mots se représentent partout ici pour exprimer les mêmes images. Sur la gauche, sont des blocs en désordre jetés les uns au-dessus des autres, et majestueusement couronnés d'un édifice circulaire. Ces rochers, semblables à une architecture informe, contrastent, dans leur âpreté, avec les constructions élégantes qui les dominent; mais la vue se repose avec plus de complaisance sur cette magnifique architecture grecque, si simple dans son accord, si sobre dans ses détails, et qui, comme une poésie sublime, laisse toujours à l'esprit quelque chose à deviner. Ce joli temple est appelé le *Temple de Vesta*, ainsi que celui de Tivoli (25), sur le modèle duquel il a été construit. C'est une ressemblance de plus qu'offre Clisson avec ce Tibur tant vanté que lui a comparé David, et qui réunit les souvenirs antiques de l'histoire aux charmes enivrans d'un éternel printems.

Le temple est le dernier objet que renferme le bas de la Garenne. Cette promenade, que le tems achèvera d'embellir, est garnie, de distance en distance, de socles destinés à recevoir des statues, décoration nécessaire d'un lieu où la physionomie si tranchée du paysage, loin de repousser les ornemens de l'art, les appelle pour mieux distinguer entre elles les différentes parties de la scène.

En montant le coteau ombragé qu'on vient de suivre, on arrive à ce même temple, sous la voûte duquel la vallée est encadrée d'une manière vraiment pittoresque. On éprouve le même plaisir à la considérer que sous l'arche du pont Saint-Antoine. L'habitude où nous sommes de voir nos voûtes, nos arcades joindre sans cesse de tristes murailles, nous blase sur leurs formes gracieuses. Mais quand elles viennent servir de bordure aux bois et aux rochers, quand elles circonscrivent le paysage comme un tableau, il est impossible de ne pas être frappé. C'est une courbe élégante qui vient retrouver ses modèles, et imiter les berceaux dont elle a emprunté les contours : c'est l'art qui s'unit à la nature et qui donne des bornes à la vue pour mieux arrêter nos sensations mobiles.

Il est difficile de peindre ce qu'on ressent à s'égarer dans les chemins couverts qui partagent le bocage. Ces sentiers tortueux vous conduisent de surprise en surprise, sans que jamais on puisse les accuser de vous faire errer, malgré vous, vers un but toujours promis et qui s'éloigne toujours.

Les chênes, les ajoncs, les genêts, les pins, l'acacia, le sycomore, le lilas, tout cela est mêlé et confondu. Il y a je ne sais quel mystère dans ces allées voilées, où le jour ne pénètre qu'à peine : on dirait qu'il existe une consonnance secrète entre le repos du cœur et le bocage demi-couvert. La splendeur d'un jour radieux semble tirer l'homme hors de lui ; l'ombre, au contraire, le rappelle à lui-même.

Dans certains endroits, la vue s'échappe, et les regards, distraits par tant d'objets, reviennent sans cesse sur ce canal, qui tantôt brille au loin, à travers le feuillage, comme une nappe de lumière, tantôt, roulant sur les rochers où son passage éveille mille échos, se fait distinguer de l'ombre qui l'entoure, par la blancheur de son écume.

Cette solitude est ornée par quelques constructions en rapport avec le caractère du lieu. Dans un endroit, on s'arrête à une chaumière, formée de troncs d'arbres raboteux et encore revêtus de leur écorce. Le mur est construit, dans leurs intervalles, d'une terre argileuse, tenace, dans laquelle sont incrustés, avec trop d'ordre peut être, des cailloux irréguliers.

A côté, sont deux rochers au milieu desquels monte un chemin sinueux. L'un d'eux porte cette inscription, aussi vraie que simple, et sur-tout bien analogue au sentiment qu'inspire la chaumière :

Consacrer dans l'obscurité
Ses loisirs à l'étude, à l'amitié sa vie :
Voilà les jours dignes d'envie.
Être chéri vaut mieux qu'être vanté.

Un peu au-dessus est une terrasse dont la maison du propriétaire de la Garenne doit occuper le milieu. Cette terrasse offre une vue agréable et d'autant plus précieuse que ce sont les lointains qui manquent à Clisson. Qu'on s'y arrête donc un instant pour dire adieu à ce site dont on va se séparer peut-être pour long-tems, mais du moins comme d'un ami qu'on espère revoir encore.

Tous les objets qu'on a vus l'un après l'autre se présentent là dans leur ensemble. L'obélisque termine au sud-est la terrasse qu'il semble agrandir indéfiniment, en paraissant en faire partie lui-même ; au sud, est la chapelle de la Magdelaine-du-Temple, qui appartenait, comme tant d'autres, à ces Templiers, si fameux par leurs richesses, plus encore par leur supplice, et auxquels ont succédé les chevaliers de Malte. A côté se découvre l'ancien musée, plus loin le tombeau érigé à la mémoire de celui qui l'a créé, afin que, dans un même lieu, l'œil distinguât l'édifice modeste qui a valu à Clisson sa célébrité et l'endroit où repose l'homme bienfaisant qui en a été le génie tutélaire. C'est ainsi que, chez les anciens, les tombeaux des hommes chers à la patrie étaient exposés aux yeux de tous, afin que ces monumens gardassent la mémoire de leurs vertus ou de leurs bienfaits, et invitassent d'une manière muette mais éloquente à les imiter.

Enfin, en terminant le cercle on rencontre le château, on voit se développer tout entière la ville, bâtie sur plusieurs collines interrompues par les eaux et les masses de verdure. On admire encore une fois ces toits applatis qui s'unissent sans efforts aux lignes de l'horizon, ces briques qui lient de ton les bâtimens et le paysage, l'heureux mélange de toutes ces teintes, l'élégance de toutes ces formes. Là chaque portion est ordonnée à part, et le tout présente une harmonie parfaite. La variété n'y dégénère point en confusion, et jamais un aspect monotone n'y détruit l'enchantement. La jolie maison du jardinier de la Garenne est confondue avec ces toits rougeâtres, tout a revêtu une livrée commune, et l'on rassemble, pour ainsi dire, par la vue toutes ces demeures éparses, comme ces peintres qui groupent la même famille dans un même tableau.

Il ne reste plus rien à visiter dans ce charmant séjour. Cependant, que de choses qu'on n'y a pas vues ! C'est en vain que les mêmes objets sont revenus plusieurs fois, la scène change partout, suivant la place du spectateur, et cette place n'est jamais la même pour tous. Les impressions dont on est affecté, dépendent des heures du jour, de l'instant de l'année où l'on a observé ce site champêtre, et un froid itinéraire ne peut retracer tout cela.

Néanmoins, ce qu'on a aperçu suffit

pour que les émotions que l'on a reçues ne sortent jamais de la mémoire. On a quitté Clisson, et l'on se souvient toujours de cette vallée qui attache la vue par tant d'accidens, qui nourrit l'esprit de tant de souvenirs. On se représente sans cesse ces maisons qui se dessinent avec tant de grâce sur l'ombre des bocages, ces eaux bruyantes ou paisibles qui agitent l'ame ou la calment tour-à-tour, ces ruines pittoresques, auxquelles s'attache un nom célèbre à jamais dans l'histoire, ces rochers courbés en voûte qui retracent un nom plus cher à la poésie et aux amours, ces ouvrages de l'art enfin, ces productions d'un goût éclairé si dignes du tableau qu'elles ont embelli.

NOTES DE L'ÉDITEUR.

(1) Le recueil des *Notices chronologiques sur les théologiens, jurisconsultes, philosophes, artistes, littérateurs, poëtes, bardes, troubadours et historiens de la Bretagne*, par M. Miorcec de Kerdanet, contient la notice suivante sur M. Cacault :

« CACAULT (François), ambassadeur, membre du corps législatif, commandant de la légion d'honneur, naquit à Nantes, en 1742, et fut baptisé sous le nom de *Françoise Cacault*; on ne s'aperçut de l'erreur commise relativement à son sexe qu'après plusieurs années, et il fallut une longue enquête pour obtenir la rectification de son acte civil. Il alla à Paris à l'âge de 20 ans, et obtint, en 1764, une place de professeur de mathématiques à l'école militaire. Une affaire d'honneur le força de s'expatrier en 1769; il entreprit alors le voyage d'Italie, et arriva à Rome avec un petit paquet sous le bras. Revenu en France en 1775, il eut la place de secrétaire des commandemens de M. d'Aubeterre, et ne tarda pas à être nommé secrétaire d'Ambassade à Naples sous M. de Talleyrand. A la retraite de ce dernier, en 1791, Cacault fut nommé chargé d'affaires dans la même résidence ; il s'acquitta avec honneur de cette mission délicate. Elu, en 1798, par le département de la Loire-Inférieure, député au conseil des Cinq-Cents, il y présenta, le 15 août, un projet sur le mode de reddition des comptes des ministres. Après la révolution du 18 brumaire, il fit partie du nouveau corps législatif, et fut encore envoyé à Rome, l'année suivante, en qualité d'ambassadeur. Il y resta deux ans, alla présider, à son retour, le collége électoral de la Loire-Inférieure, qui l'élut candidat au sénat conservateur, où il fut appelé le 6 avril 1804 ; il mourut à Clisson le 5 octobre 1805.

» Cacault n'avait pu voir l'Italie sans y puiser de bonne heure l'amour des arts. Le pape, qui connaissait son goût pour les belles productions du génie, lui fit remettre un morceau de mosaïque d'un grand prix, représentant le Colysée : ce beau morceau était estimé 2000 piastres. Pendant son séjour à Rome, en 1801, 1802 et 1803, il rassembla une grande quantité de tableaux précieux. Depuis, la ville de Nantes a acheté toute sa galerie, que son frère, qui était peintre, avait fait disposer à Clisson de la manière la plus pittoresque.

» Cacault a donné : *Poësies lyriques* de

Ramler, traduites de l'allemand, Berlin, 1777, in-12; *Dramaturgie* ou *observations critiques sur plusieurs pièces de théâtre*, traduite de l'allemand de Lessing, par un français; et publiée par M. J. (G. A. Juncker), Paris, 1785, 2 vol. in-12. Il est auteur de plusieurs *rapports* faits au conseil des Cinq-Cents. »

(2) La réputation de M. Lemot est universellement établie par une foule d'ouvrages où l'on retrouve la grace, l'élégance, la molesse ou la vigueur de l'antique. Nous citerons, entr'autres, son admirable statue de Léonidas, et la statue équestre d'Henri IV, qui décore le Pont-Neuf, à Paris. Il est depuis long-tems connu par son érudition, la sévérité de son style et la pureté de son goût.

(3) Voyez la Statistique du département de la Loire-Inférieure.

(4) « Jamais peut-être cette petite ville ne se serait entièrement réédifiée, sans une circonstance particulière qui contribua puissamment à la faire renaître de ses cendres. Un Nantais, Pierre Cacault, passionné pour la peinture qu'il avait cultivée à Rome pendant un grand nombre d'années, revint à Nantes vers la fin de la guerre vendéenne; les habitans de cette ville n'osaient encore sortir de leurs murs pour visiter leurs propriétés rurales sur la rive gauche de la Loire, lorsque

cet artiste, qui avait entendu parler des beaux sites de la Sèvre, se hazarda seul à pénétrer dans le bocage. Arrivé à Clisson, au lieu de trouver une ville peuplée et florissante, il ne vit qu'un amas de décombres au milieu d'un désert, il ne rencontra pas un seul habitant qui pût le guider, pas un toit qui pût lui servir d'asile; le silence des tombeaux régnait partout; de tous côtés, les traces hideuses de l'incendie et de la destruction frappèrent ses regards; il parcourut avec effroi cette ville abandonnée et cet immense château dont les reptiles et les oiseaux de proie se disputaient les obscurs et derniers débris. Cependant, ces vestiges sanglans et ces ruines encore fumantes ne purent affaiblir la vive impression que fit sur son esprit ce paysage admirable, et il fut si frappé de la beauté de ces sites, de ces rochers, de ces cascades, et même de ces ruines, qu'il prit sur le champ la résolution d'habiter ce séjour plein de charme et d'horreur. Les dissentions qui avaient déchiré ce malheureux département n'étaient pas alors entièrement étouffées, et pouvaient se rallumer au moindre souffle; les routes étaient peu sûres et les excursions dans la campagne fort dangereuses; mais rien ne put détourner M. Cacault de son dessein. Il choisit pour sa retraite une maison ruinée, dont les points de vue lui parurent ravissans; il acheta cette propriété, et vint s'y établir en 1798. En effet, un grand nombre d'habitans, encouragés par cet exemple, rentrèrent dans leurs foyers et en relevèrent les ruines. Plus de la moitié de la ville est actuellement rebâtie. » (*Notice historique sur la ville et le château de Clisson*).

(5) Voici les vers de M. Antoine Peccot, pour le tombeau des frères Cacault :

De deux amis des arts tu vois ici la tombe,
Contre les coups du sort inutile secours.
Leurs vertus, leurs talens n'ont pu sauver leurs jours.
Hélas ! sous le destin il faut que tout succombe,
Mais, tant qu'ils ont vécu, leurs prodigues bienfaits
Ont orné le pays où leur cendre repose,
Et le nom de Caçault n'y périra jamais.
Homme, ah ! puisque de toi la mort ainsi dispose,
De ta pénible vie embellis le sentier !
Que la bienfaisance ou la gloire
T'assure une longue mémoire,
Et t'empêche du moins de mourir tout entier.

(6) Dans un discours prononcé à la Société des sciences et des arts du département de la Loire-Inférieure, M. Huet s'exprimait ainsi :

« Il faut être au milieu des merveilles et des beautés de la nature, pour les apercevoir, les sentir, les produire et les peindre à l'œil ou à l'imagination.

» Combien de fois n'ai-je pas entendu dire à un de nos collègues que ses occupations retiennent à Paris : Les poëtes, les artistes devraient chaque année visiter les environs de Clisson. Dans ces lieux enchanteurs, et sans s'expatrier, ils trouveraient rassemblé, distribué par des hazards heureux, tout ce qu'on va chercher en Suisse et en Italie.

» Là, sur les bords de la Sèvre, parmi les

torrens, les cascades, les rochers, nos riches coteaux, nos fraîches vallées et leurs vastes ombrages, qui ne serait poëte, artiste, ou qui ne voudrait l'être dans ces galeries sans faste, où le goût des arts a réuni tant de marbres et tant de tableaux, au milieu de cette nature si belle, si féconde, et qui se révèle sous des formes si variées à la méditation, à l'enthousiasme, à la mélancolie! Qui pourrait voir sans émotion les lieux où le berceau d'Abeilard reçut les larmes d'Héloïse, et le fruit de ses tristes amours; les bois plantés par les mains victorieuses de la Galissonière; les ruines majestueuses que les siècles et les guerres ont respectées, et que notre collégue conserve pour l'honneur du pays! Ruines que rendent sacrées les noms de Clisson, de Duguesclin, ces héros, nos ancêtres, qui, les premiers, délivrèrent la France du joug des Anglais.

(7) Ce lieu nous rappelle quelques vers d'une élégie de M. Bernède, dans laquelle ce jeune poëte décrit les sites de Clisson :

Près d'un hameau désert où jadis l'industrie
 Fit retentir les marteaux de Vulcain,
Solitude charmante et du ramier chérie,
Où, sur le sol noirci, la pervenche fleurie
 S'entr'ouvre aux rayons du matin.
Le voyageur surpris admire et considère
Ces rochers, dont le front couronné d'arbrisseaux
 Réfléchit dans les flots
 Son ombre séculaire.
Il voit le gui sacré sur les chênes voisins,
 Le noir corbeau, l'antre obscur et tranquille
Où jadis un Druïde eut choisi son asile
Et prédit l'avenir aux crédules humains

(8) Sous des touffes de lierres et de plantes sauvages qui tapissent ces murailles féodales, on aperçoit une grande quantité d'inscriptions et de vers. La plupart, fort anciens et d'une écriture gothique, sont des lais et des ballades inspirés par l'amour ou en l'honneur de la chevalerie ; les autres, plus modernes, ont été dictés par l'enthousiasme que la vue de ces ruines a fait éprouver aux curieux qui les ont visitées. Nous rapporterons seulement les suivans. Ils sont de Cerutti.

J'ai gravi, mesuré ces ruines sublimes ;
Mon cœur s'en est ému ! de nos vaillans aïeux
Tout y réprésentait les tournois magnanimes,
Ils semblaient reparaître et combattre à mes yeux ;
J'entendais sous leurs coups retentir les abîmes ;
Juge de leurs combats, idole de leur cœur,
Du haut des tours la dame admirait le vainqueur.
Casques et boucliers, cuirasses gigantesques,
Cris d'armes, mots d'amour, devises de l'honneur,
Cartels pour l'infidèle ou pour le suborneur,
Tout garde sur ces murs vraîment chevaleresques
La mémoire d'un siècle où l'épée, où la foi,
Où la galanterie étaient la seule loi.

(*Not. hist. sur Clisson.*)

(9) Le plan, l'élévation et les détails du château de Clisson ont complétement le caractère de l'architecture moresque dans toute sa pureté. M Cassas, peintre distingué, célèbre par ses belles aquarelles, dout plusieurs, représentant des vues de la Grèce, appartiennent à M. le comte de Brosses, a remarqué que la forme des créneaux et des machicoulis de ce château était parfaitement semblable à ceux du château de

Cezarée, dans la Palestine, vulgairement appelé *la Tour des Pélerins*, qu'il a vu et dessiné. Ce n'est point à un gout plus épuré dans les arts, ce qui n'est jamais que l'effet des progrès de la civilisation, que l'on dut, dans ces siècles barbares, cette innovation subite et extraordinaire dans l'archictecture de ces habitations féodales, mais bien à un noble sentiment d'orgueil. Les chevaliers croisés, de retour dans leur patrie, voulurent, sans doute, transmettre à leurs descendans les glorieux souvenirs de leurs faits d'armes, en construisant leurs forteresses à l'imitation de celles que leur valeur avait enlevées aux infidèles dans l'Orient; et c'est à cette époque qu'il faut faire remonter l'usage de placer des croix au milieu des ouvertures qui recevaient le jour, ce qui fit ensuite donner le nom de croisées à ces ouvertures.

On a trouvé, il y a quelques années, en déblayant une partie des ruines du château de Clisson, beaucoup de boulets et des armures de cette époque, ainsi qu'une grande quantité de pelles et de pioches provenant de l'armée de Mayence (*Not. hist. sur Clisson.*)

(10) *Notice historique sur la ville et le château de Clisson*, par M. Frédéric Lemot. Cet ouvrage a eu deux éditions. La 1re est un vol in-12; la seconde, imprimée in-4°, sous le titre de *Voyage pittoresque dans le bocage de la Vendée*, est accompagné de vues de Clisson, dessinées par M. Thienon et gravées par M. Piringer.

(11) « Honorius, l'un des enfans de Théodose, qui avait reçu l'Occident pour son partage, et qui avait fixé son séjour à Poitiers, établit des troupes Romaines sur la rive gauche de la Loire, dans les villes situées entre l'Armorique et l'Aquitaine. Ces troupes, placées sur les frontières, autrement appelées *Marches* et destinées à s'opposer aux irruptions du nouveau peuple Armoricain, reçurent des priviléges et des exemptions, comme toutes les légions romaines distribuées sur les frontières de l'empire. Ces priviléges se sont conservés chez les habitans des *Marches* communes de l'Anjou, de la Bretagne et du Poitou, jusqu'à la révolution française. » (*Précis de l'histoire de Bretagne, par M. Ed. Richer, page* 19).

Les principales communes comprises dans *les Marches* de la Bretagne et du Poitou étaient Paulx, la Trinité de Machecoul, le bois de Cené, Boin, Retail, Getigné, Cugan, Boussai, la Bruffière, Legé, la Garnache, St. Colombin, etc.

(12) Voyez le *Précis de l'Histoire de Bretagne*, livre III, page 172.

(13) *Idem*, livre III, page 202.

(14) Ce fragment est tiré du *Précis de l'Histoire de Bretagne*, livre III, page 238 et suivantes. L'auteur de la *Notice historique sur la ville et le château de Clisson*, dit, d'après d'Argentré, que Jean IV se décida à cette

entreprise criminelle, d'après l'avis des Anglais, pour faire échouer l'armement dirigé contre eux; mais cette assertion parait sans preuves.

(15) La Fontaine a dit :

> Hélas ! on voit que de tout tems
> Les petits ont pâti des sottises des grands.

(16) On ne rapporte pas ici les détails de cet attentat, dont l'histoire moderne offre tant d'exemples. Cet évènement ne concerne qu'indirectement le château de Clisson. On trouvera ces détails dans le livre IV, page 271, du *Précis de l'Histoire de Bretagne*.

(17) On appelait ainsi cette armée parcequ'elle venait de Mayence, dont elle avait formé la garnison pendant le siège qu'en firent, en 1793, les armées combinées de Prusse et d'Autriche.

(18) « Il est probable que les Rois de France, Henri IV, Louis XIII et Louis XIV visitèrent le château de Clisson, pendant le séjour qu'ils firent à Nantes. » (*Not. hist.*)

(19) C'est l'amitié du sénateur Cacault qui attira M. Lemot sur les bords de la Sèvre, qui lui fit d'abord acheter *la Garenne* et peu après le château de Clisson.

« Je m'empressai, dit M. Lemot dans sa » Notice historique sur Clisson, d'acheter le » château dans l'unique intention de con- » server avec soin ce monument fait pour » intéresser sous le double rapport de l'his- » toire nationale et de l'art. Elles seront » respectées, du moins tant que je vivrai,

» ces antiques et hautes murailles que des » guerres furieuses, des siéges opiniâtres, » et six siècles n'ont pu détruire. Je ne » ferai point disparaître, par une honteuse » cupidité, cette noble enceinte où des » héros reçurent le jour, que d'illustres » personnages habitèrent, et qui rappelle » enfin tant d'actions de vertu, de bar- » barie et d'héroïsme. »

(20) Voici ces vers :

O limpide rivière, ô rivière chérie,
Puisse la sotte vanité
Ne jamais dédaigner ta rive humble et fleurie;
Que ton simple sentier ne soit point fréquenté
Par aucuns tourmens de la vie,
Tels que l'ambition, l'envie,
L'avarice et la fausseté.
Un bocage si frais, un séjour si tranquille
Aux tendres sentimens doit seul servir d'asile.
Ces rameaux amoureux, entrelacés exprès,
Aux muses, aux amours, offrent leur voile épais,
Et ce cristal d'une onde pure
A jamais ne doit réfléchir
Que les graces de la nature
Et les images du plaisir.

(21) Ce mot signifie *astre brillant.*

(22) Voici cette inscription :

Héloïse peut-être erra sur ce rivage,
Quand aux yeux des jaloux dérobant son séjour,
Dans les murs du Pallet elle vint mettre au jour
Un fils, cher et malheureux gage
De ses plaisirs furtifs et de son tendre amour.
Peut-être en ce réduit sauvage
Seule, plus d'une fois, elle vint soupirer
Et gouter librement la douceur de pleurer;
Peut-être, sur ce roc assise,
Elle rêvait à son malheur,

» fois tous mes sens; c'est tout ce que je vois, » j'entends, je sens autour de vous, que je » regretterai encore dans le sein de ma famille » et de mes amis ».

On trouve à la librairie de M. Mellinet-Malassis, plusieurs ouvrages de M. Ed. Richer, du même format que celui-ci, intitulés :

Voyage à l'Abbaye de la Trappe de Melleray.

Promenade, sur la Rivière d'Erdre, de Nantes à Nort.

Promenade à Orvault, sur les Rives du Cens.

Aspect pittoresque de l'Ile de Noirmoutier.

www.ingramcontent.com/pod-product-compliance
Ingram Content Group UK Ltd.
Pitfield, Milton Keynes, MK11 3LW, UK
UKHW012050240726
13965UKWH00003B/1188